LIGUE NATIONALE FRANÇAISE
DE SAN-FRANCISCO ET DU PACIFIQUE

ÉLECTIONS DE 1876

LES FRANÇAIS D'AMÉRIQUE

AUX

FRANÇAIS DE FRANCE

AVEC UNE DÉDICACE

À

MM. THIERS ET GAMBETTA

PARIS

LIBRAIRIE DE LA BIBLIOTHÈQUE DÉMOCRATIQUE

Directeur : M. VICTOR POUPIN

9, PLACE DES VICTOIRES, 9

—

1876

Ligue Nationale Française

DE SAN-FRANCISCO ET DU PACIFIQUE

(EXTRAIT DES STATUTS)

Au lendemain de la guerre prussienne, les Français des États américains de la côte du Pacifique prirent l'initiative d'une Ligue nationale pour le relèvement de la patrie française.

Il suffira d'un extrait de ses statuts pour faire comprendre le but de la Société.

Art. 1er. La Société a pour objet :

1° De resserrer les liens de solidarité qui doivent unir entre eux tous les membres de la famille française, et d'entretenir les sentiments patriotiques indispensables au rétablissement de la grandeur et de l'intégrité nationales ;

2° De venir en aide aux patriotes de l'Alsace et de la Lorraine victimes de leur attachement à la France ;

3° De publier des ouvrages destinés à répandre parmi les masses les connaissances indispensables aux citoyens d'un pays libre.....

ÉLECTIONS DE 1876

LES

FRANÇAIS D'AMÉRIQUE

AUX

FRANÇAIS DE FRANCE

AVEC UNE DÉDICACE

À

MM. THIERS ET GAMBETTA

PARIS

LIBRAIRIE DE LA BIBLIOTHÈQUE DÉMOCRATIQUE

Directeur : M. Victor POUPIN

9, PLACE DES VICTOIRES, 9

—

1876

DÉCHÉANCE

DE

Napoléon III et de sa Dynastie

CONFIRMÉE

A L'UNANIMITÉ, MOINS SIX VOIX,

Par le Vote du 1ᵉʳ Mars 1871

« L'Assemblée Nationale confirme la déchéance de Napoléon III et de sa Dynastie, déjà prononcée par le Suffrage universel, et le déclare responsable de la ruine, de l'invasion et du démembrement de la France. »

DÉDICACE

▲

MM. THIERS & GAMBETTA

———————

Si nous plaçons sous l'invocation de ces deux noms l'appel patriotique adressé aux Français de France, par les Français résidant en Amérique, au moment où les électeurs vont décider par leurs votes des destinées de la commune Patrie,

C'est que ces deux noms signifient par-dessus tout PATRIOTISME, et que le même esprit de sagesse et d'union, qui, sous leur influence, a fait la RÉPUBLIQUE, fera aussi, nous en sommes convaincus, le relèvement de la FRANCE.

———————

AVANT-PROPOS

Des Français établis à deux mille lieues de la
mère-Patrie, mais qui ont toujours les yeux tournés
vers elle, s'adressent à leurs concitoyens dans cette
circonstance si grave des élections générales où
doivent se décider les destinées de la France.

Trop éloignés de l'arène politique pour se laisser
aller aux passions des partis, ils ne voient que
l'intérêt du pays, son relèvement et sa grandeur.

Ils les voient dans la conservation de la République, qui a déjà su réparer les ruines de l'Empire,
en attendant qu'elle puisse réparer ses hontes.

C'est pourquoi ils disent aux électeurs des villes
et des campagnes : votez pour des hommes honnê-
tes et sincères qui acceptent sans arrière-pensée la
forme actuelle du gouvernement et la constitution
que l'Assemblée nationale a donnée à la France ;
votez pour des candidats franchement et résolûment
républicains.

Ceux qui parlent ainsi aux électeurs, habitent la
grande République des États-Unis d'Amérique. Ils
ont sous les yeux l'exemple d'un peuple libre qui,
depuis cent ans qu'il a conquis son indépendance,
se gouverne lui-même sans roi, sans empereur,

nommant son Président, ses députés ses sénateurs ses administrateurs à tous les degrés, et même ses prêtres, ses pasteurs, car l'Église aux États-Unis est libre comme tout le reste. Les cultes sont indépendants de l'État : chacun paye pour sa paroisse et prie Dieu comme il l'entend.

Ayant donc pu constater par eux-mêmes les bienfaits des Institutions républicaines, nos Français de Californie s'adressant à ceux de France disent aux électeurs : vous avez entre vos mains les destinées de votre pays et l'avenir de vos enfants. Sauvez l'ordre et la paix en maintenant la République qui est *la chose de tous*, et qui voulant pour tous l'instruction gratuite et la justice gratuite aussi, porte avec elle la lumière et la liberté, le progrès et l'enrichissement par le travail. Pour cela, électeurs, qu'avez-vous à faire? vous rendre au scrutin et mettre dans l'urne le nom d'un HONNÊTE HOMME qui soit en même temps RÉPUBLICAIN.

AUX FRANÇAIS EN FRANCE

Chers Compatriotes,

Voilà plusieurs années que nous cherchons à nous mettre en rapport avec vous, sans vous dire qui nous sommes ni ce que nous voulons. Le moment nous paraît venu de nous expliquer à ce sujet.

Nous sommes environ huit mille Français dispersés sur un territoire deux fois grand comme la France. A San-Francisco nous sommes quatre mille ; quelques uns sont riches, pas mal jouissent d'une certaine aisance, la plupart sont des travailleurs. Vous le voyez, nous formons, à vrai dire, la population d'une de vos petites villes de province.

De tous temps nous nous sommes tenus rapprochés ; mais depuis la malheureuse et terrible guerre de 1870, nous avons serré nos rangs.

Vivant dans un pays libre, nous n'avons jamais oublié la reconnaissance due à l'hospitalité ; mais en même temps nous avons conservé au fond de nos cœurs un amour profond pour la mère-patrie.

Dès 1851 nous avons fondé une *Société de bienfaisance mutuelle.* Cette société est devenue une des plus belles, une des plus riches et une des mieux administrées de ce genre qu'il y ait dans n'importe quel pays. A tel point que beaucoup d'étrangers la préfèrent à leurs sociétés nationales. Elle compte trois mille membres, et la Maison de santé qu'elle possède est un véritable monument par son aspect à la fois simple et imposant.

Il y a une quinzaine d'années, quelques Français se sont réunis et ont organisé une *Caisse d'Épargne et de Prévoyance*. Cette institution a également prospéré au-delà de toute attente, puisqu'aujourd'hui elle a en dépôt près de trente millions de francs.

A côté de ce vaste établissement financier s'élève une société plus modeste, la *Solidarité*, qui a pour objet de constituer un capital au profit des héritiers de tout sociétaire décédé.

Citons encore la *Société de Bienfaisance des Dames* qui s'est faite la Providence de nos compatriotes indigents, et la *Société Philharmonique* qui a pris à tâche de populariser en ce pays les chefs-d'œuvre de nos compositeurs.

En outre, il existe ici deux compagnies de milice françaises : les *Gardes Lafayette* et les *Zouaves*. Ces deux compagnies, par leur discipline et leur belle tenue, font honneur à notre pays ; dans les manifestations publiques, si nombreuses aux États-Unis, elles rappellent à la fois aux Américains leurs anciens alliés de leur guerre d'indépendance et à nos nationaux le souvenir vénéré et chéri de la patrie absente.

Telles sont les institutions fondées par nous bien avant la dernière guerre dans un but de charité, de prévoyance et de solidarité nationale.

La guerre franco-allemande a enflammé notre patriotisme. Dès les premières nouvelles de nos revers, un Comité de souscription s'est organisé et

l'élan a été tel dans notre population que l'impor-
tante somme de UN MILLION ET DEMI de francs a
été recueillie et expédiée au gouvernement, d'abord
pour subvenir aux frais de la guerre, et plus tard
pour aider à la libération anticipée du territoire.
Or, rappelez-vous que nous ne sommes que huit
mille environ, ce qui fait près de *deux cents* francs
par tête, hommes, femmes et enfants compris.

La guerre finie et la paix signée, nous n'avons
pas désespéré de l'avenir, si terrible que fût le
présent. Ruinée et mutilée, la Patrie n'en devint
que plus chère à ses enfants exilés. Tous nos vœux,
toutes nos aspirations, tous nos efforts n'eurent
désormais qu'un but : son prompt relèvement.

C'est alors que nous avons formé une association patriotique ou LIGUE NATIONALE, composée de personnes appartenant à tous les rangs de notre colonie.

Elle a pour but :

1° De resserrer les liens de solidarité qui doivent unir entre eux tous les membres de la famille
française, et d'entretenir les sentiments patriotiques indispensables au rétablissement de la grandeur nationale.

2° De venir en aide aux Alsaciens et aux Lor-
rains victimes de leur attachement à la France.

Le moyen jugé le plus propre par la Ligue pour
atteindre la première partie de ce but, c'est la dif-
fusion de l'instruction populaire et la propagation
des idées libérales, notamment dans les campagnes.

Elle a donc décidé de publier chaque année
sur des sujets d'intérêt national, des brochures

tirées à plusieurs milliers d'exemplaires et de les faire distribuer gratuitement sur tous les points de la France. Ces brochures traitent des questions les plus utiles et les plus intéressantes dans les circonstances actuelles.

Tout en songeant aux affaires de notre pays natal, la Ligue ne néglige point celles de nos compatriotes californiens.

Il y a deux ans, elle a créé un *Bureau d'Aide et de Placement* pour les immigrants français sans ressources et en quête d'un emploi ; et en ce moment même, elle s'occupe d'organiser une Bibliothèque populaire qui compte déjà plus de quatre mille volumes et qu'elle mettra à la disposition de la colonie française.

Enfin, chaque mois, les membres de cette Société se réunissent pour échanger leurs vues et leurs sentiments sur l'état des affaires en France. Ces réunions ont pour effet d'eclairer les esprits, de fortifier le patriotisme et de resserrer le lien de notre fraternité nationale.

Voilà, chers compatriotes, qui nous sommes et ce que nous essayons de faire.

Est-ce pour tirer vanité de ces détails que nous les exposons ici? Nullement. Notre but est d'en dégager une leçon utile, et de la recommander vivement à vos plus sérieuses méditations.

Si nous avons fait ce que nous venons d'énumérer, c'est que nous avons pu le faire. Entendousnous. Les lois américaines accordent à tous, citoyens et étrangers, liberté entière de presse, de réunion et d'association. Chaque fois que les circonstances nous ont suggéré l'idée d'agir en commun, soit dans notre intérêt soit dans l'intérêt de la France, nous nous sommes réunis pour discuter et pour conclure. Sans doute, dans les premières années de notre séjour en Californie, nous n'avons pas toujours réussi. Il y a eu des débats inutiles, des tiraillements fâcheux. C'est que notre éducation politique n'était pas faite, c'est que nous étions encore inhabiles à manier ce merveilleux instrument qu'on appelle la liberté et qui décuple les forces, l'activité et l'énergie du citoyen.

Ah ! si nous étions obligés de consulter le bon plaisir d'un maire ou d'un préfet, ou si l'autorité pouvait à tout propos entraver nos travaux ou dissoudre nos associations, le découragement nous eût pris et toute notre bonne volonté eût été frappée d'impuissance.

On vous reproche, à vous, chers compatriotes, de ne pas savoir user de l'initiative privée. Répondez par l'exemple des Français aux Etats-Unis, qu'en toutes choses un apprentissage est nécessaire, que les Français en France sont aussi aptes que les Français à l'étranger à se servir utilement d'institutions libres, et que le point essentiel, c'est de posséder d'abord ces institutions.

Or, ces institutions, vous les aurez dès que vous le voudrez. Il vous suffira, aux prochaines élections, de voter pour des candidats sincèrement républicains.

Les républicains, dans la situation actuelle, peuvent seuls donner la liberté à la France, et avec la liberté l'instruction indispensable à tous.

Sans l'instruction, la liberté est un bien inutile et la République se trouvera toujours à la merci des factions.

O Français, nos frères, écoutez-nous, croyez-nous!

Nous aimons la France avec amour, avec passion. Dans notre exil, nous suivons d'un cœur plein d'anxiété tous les événements qui s'y déroulent et nous ne cessons de faire les vœux les plus ardents pour sa grandeur et sa prospérité. Mais pour nous, nous ne voyons son salut que dans l'établissement sincère et définitif d'une forme de gouvernement capable de réunir en un seul faisceau toutes les forces vives du pays, en éclairant toutes les intelligences et en fortifiant tous les patriotismes. Or, cette forme de gouvernement, c'est la République.

Gardez-vous de prêter l'oreille aux discours de ses ennemis. Fuyez surtout comme la peste ceux qui vous parlent de ramener l'empire. Ils savent aussi bien que vous que l'empire a toujours été le despotisme et l'invasion.

N'hésitez pas. Hésiter, ce serait un crime contre la France et contre vous-mêmes. Et lorsque le moment en sera venu, lorsque vous serez appelés à nommer de nouveaux représentants chargés de compléter et de mettre en pratique l'œuvre de l'Assemblée actuelle, votez, votez avec la confiance de citoyens sûrs de leur fait, votez pour les amis de la République.

LA LIGUE NATIONALE FRANÇAISE.

San-Francisco (Californie), décembre 1875.

LA
POLITIQUE DU BON SENS

—

C'était justement dimanche dernier.

On parlait de la dissolution de l'Assemblée nationale et des élections prochaines.

Il y avait grand dîner chez François Richomme, celui qu'on appelle à Bourneuf *l'Américain*, parce qu'il a fait fortune en Amérique.

Tous les dimanches il reçoit ses anciens amis ; mais ce jour-là la réunion était plus nombreuse que de coutume, car on savait qu'il lisait les journaux de Paris, et l'on venait prendre les nouvelles, ainsi que son avis sur les choses de la politique.

On a d'ailleurs grande confiance en Richomme ; d'abord, parce qu'au village on estime généralement ceux qui ont su faire leurs affaires, et qui ne sont pas plus fiers qu'auparavant ; et puis, en Amérique, François, autrefois simple et ignorant, s'était bien dégrossi.

Maintenant il parlait avec aisance, et l'on était étonné de son savoir, de son bon sens et de sa grande expérience.

Il faut dire encore qu'il s'était conduit pendant la guerre en vaillant patriote ; car, aux premiers bruits de nos désastres, il était revenu de Californie. Et, tandis que d'autres fuyaient, lui, faisait deux mille lieues pour offrir son sang à la chère patrie.

— Car, dit-il, plus on est loin de la France, plus on l'aime!...

Bien qu'il soit connu comme républicain, les hommes de tous les partis lui rendent justice, et l'aiment, tant il est serviable et bon camarade.

De son côté, s'il les accueille bien, c'est qu'il espère les amener tout doucement à son opinion.

Donc, ce dernier dimanche, on voyait chez Richomme :

Mathieu, le conseiller municipal, un quasi-bourgeois, très-fier de fréquenter les Messieurs de l'endroit, et qui, comme eux, se disait orléaniste ;

Puis, le père Thomas, un bonapartiste qui n'en voulait pas démordre, parce qu'il s'était enrichi sous l'empire dans le commerce du bétail ;

Puis Ignace, le marguillier de la paroisse, un écho vivant de M. le curé ;

Puis Jean-Pierre, un brave homme, sans parti pris, et qui ne demandait qu'à s'instruire ;

Et aussi quelques cultivateurs de Bourneuf, et des ouvriers de l'usine voisine.

François était singulièrement joyeux.

— Nous y arrivons, nous y arrivons, donc enfin, répétait-il en se frottant les mains.

— Où ça? demanda Jean-Pierre.

— A la République !

A ce mot de République, François vit deux ou trois de ses convives qui faisaient la grimace.

— Que se passe-t-il donc? questionna Jean-Pierre.

— Avant de partir, répondit François, cette Assemblée nous a fait encore de' meilleure besogne qu'on ne s'y attendait. Elle nous a nommé des sénateurs républicains. Ce qui prouve qu'à l'Assemblee, comme dans le pays, les monarchistes ne peuvent point s'entendre ; et que si, par surprise, on nous amenait un Chambord, un d'Orléans, ou un Napoléon IV, dès le lendemain une autre révolution le renverserait, jusqu'à ce qu'on revînt encore à la République. Alors ne vaut-il pas mieux la garder, puisque nous l'avons ?

— Cependant l'empire a duré vingt ans, dit le père Thomas, le bonapartiste incorrigible ; l'empereur, j'en conviens, nous menait à la baguette ; mais du moins tout marchait bien ; on savait le gouvernement qu'on avait. Ce n'est pas comme la République d'aujourd'hui. On ne peut démêler au juste par qui nous sommes gouvernés, et l'on prétend que tout va de travers.

— Comment cela ?

— Eh ! oui, repartit Thomas, on nous dit : c'est la République ; et cependant les républicains ne sont pas contents. Ils prétendent que nous sommes toujours gouvernés par les royalistes. Tire-toi là, toi qui as l'œil et l'entendement d'un Américain.

— C'est bien facile, riposta François ; car la politique, c'est simple à comprendre comme le B, A, BA, pourvu qu'on ne l'entortille pas dans de grandes phrases d'avocat. Pourquoi la République est-elle gouvernée maintenant par des royalistes ? C'est qu'au 8 février 1871, vous n'aviez nommé vos députés que pour conclure la paix. Ce candidat veut-il la paix, ou la continuation de la guerre ? Tout était là ! Vous n'aviez alors qu'un souci : sauver la vie de vos enfants, vous sauver vous-mêmes de l'horrible invasion. Une fois la paix conclue, cette Assemblée, en majorité composée de royalistes, voulut fonder un gouvernement. Mais comment fonder, sans être d'accord ? Ceux-ci voulaient l'empereur ; ceux-là, le petit-fils de Louis-Philippe ; les autres, Henri V. Quand on tire une charrue à hue ! et à dia ! peut-elle marcher ? C'est bien pis quand on la tire de trois côtés à la fois.

Pendant ce temps, les républicains, quoique moins nombreux, s'entendaient entre eux. Leur chef, M. Thiers, libérait le territoire, relevait le crédit et les finances, ranimait les affaires, réprimait l'effroyable insurrection de la Commune. Ces grands services rendus au pays, l'union des républicains, leur modération et leur sagesse, l'impuissance des royalistes à fonder une monarchie, amenèrent peu à peu à la République, dans l'Assemblée comme dans le pays, une foule de gens consciencieux et clairvoyants ; et finalement, grâce à la bonne entente des anciens et des nouveaux, la République fut fondée.

— Ça n'explique pas, insista Thomas, pourquoi nous sommes gouvernés par des royalistes.

— J'y arrive. Les royalistes, conservateurs avant tout de leurs places et de leurs fonctions, s'entendent pour écarter les républicains du gouvernement et de l'administration du pays. Voilà pourquoi la République, qui est le règne du droit, de l'égalité pour tous, de l'économie, de l'honnêteté, de la liberté et de la justice, aux mains des royalistes conserve tous les abus, tous les priviléges, maintient les gros traitements, les impôts injustes, les dépenses inutiles, favorise les réactionnaires, enpêche, en un mot, tout progrès et toute réforme.

— Tu as beau dire, François, reprit l'entêté Thomas, il faut un maître. Quand tout le monde se mêle de commander, ça marche mal, on perd le temps à se chamailler. Un beau jour, le peuple, fatigué, culbute tout, et voilà comment arrivent les révolutions. Et qu'est-ce qui paye les verres cassés? C'est nous, pardieu ! toujours nous, le pauvre peuple, qui arrosons la terre de nos sueurs pour gagner quelques sous que nous prend l'impôt.

— Tout ce que tu dis est fort juste, mon brave Thomas, seulement tu intervertis les rôles. Ceux qui amènent les révolutions, ce sont les rois. On voit bien que tu parles d'après les autres, sans bien comprendre ce que tu dis. Voyons, raisonnons un peu. Qu'est-ce que la royauté ? Le sais-tu bien ?

Comme Thomas hésitait :

— C'est aisé à comprendre, répondit Ignace ; on est en royauté, quand c'est un roi qui gouverne.

— C'est cela même. Mais il y a actuellement en France trois sortes de royautés : 1° la royauté dite de droit divin, représentée par Henri V; 2° la royauté constitutionnelle, représentée par les princes d'Orléans; 3° l'empire, représenté par Napoléon IV.

Voyons d'abord ce qu'est cette royauté prétendue de droit divin et quels sont ses titres à notre amour et à notre respect.

La royauté, chez tous les peuples, a commencé ainsi : un homme plus fort ou plus courageux que les autres, se mettait à la tête d'une bande armée, s'emparait d'un pays et s'intitulait roi. Ce pays devenait sa propriété; toutefois il en distribuait une partie à ses lieutenants : de là, la noblesse. Afin d'avoir leur part du gâteau, les prêtres, qui, de tous temps, se sont dits les représentants de la Divinité, proclamaient ce conquérant : l'élu de Dieu, lui et tous ses descendants... et le tour était joué. Voilà ce qu'on est convenu d'appeler la royauté de Droit divin. C'est en réalité la royauté du sabre.

Ce gouvernement ne saurait convenir qu'aux peuples primitifs et barbares. Ce qui révolte surtout le bon sens, c'est l'hérédité du pouvoir. En effet, que les descendants d'un roi soient idiots, lâches, cruels, peu importe! ils sont rois de naissance. Ils sont maîtres souverains, élus de Dieu, et à ce titre, ils ont droit de grever le peuple d'impôts, de charges, de redevances de toutes sortes; ils ont droit de dilapider le trésor public à leur profit, au profit de leurs courtisans et de leurs maîtresses; de déclarer la guerre à leur fantaisie, de lever des hommes, de les faire massacrer, de ruiner et affamer les campagnes. Qui pourrait lire sans horreur le tableau de la misère sous Louis XIV, le grand roi, comme on l'appelle encore?

Il prit un livre dans sa bibliothèque, et en lut aux assistants ces quelques passages :

— C'est Fénelon, d'abord, archevêque de Cambrai, qui écrit à Louis XIV dans une lettre justement célèbre :

« Vos peuples, que vous devriez aimer comme vos enfants, meurent de faim.

« La culture des terres est presque abandonnée; les villes et la campagne se dépeuplent; tous les métiers languissent et ne nourrissent plus les ouvriers. Tout commerce est anéanti : la France entière n'est plus qu'un grand hôpital désolé et sans provisions. Les émotions populaires, qui étaient inconnues depuis si longtemps, deviennent fréquentes... Vous êtes réduit à la honteuse et déplorable extrémité de faire massacrer des peuples, que vous mettez au désespoir en leur arrachant par vos impôts le pain qu'ils tâchent de gagner à la sueur de leurs visages ! »

— Voici ce que disait aussi Bossuet, l'éloquent évêque de Meaux, que M. le curé vous cite souvent en chaire :

« Quand je considère les calamités qui nous environnent, la pauvreté, la désolation, le désespoir de tant de familles ruinées, il me semble que de toutes parts s'élève un cri de misère qui devrait nous fendre le cœur. »

Et pendant que le Peuple souffrait ainsi ; pendant qu'on voyait les paysans réduits à manger de l'herbe, comme le disent les auteurs du temps, Louis XIV dépensait un milliard deux cents millions, près de trois milliards d'aujourd'hui, à se bâtir un palais à Versailles.

Voilà, conclut François Richomme, en fermant son livre, quel fut le bonheur du peuple sous le plus glorieux des règnes.

— Mais au moins, dit à son tour Mathieu, le conseiller municipal, la royauté, c'était la paix, la tranquillité.

— La paix ! exclama François, nos rois, au contraire, étaient constamment en guerre. Plus un roi avait fait tuer d'hommes, plus il était glorieux. La tranquillité, dis-tu ? mais l'histoire est remplie des luttes de parti et des soulèvements populaires.

Cependant un beau jour, en 1789, le peuple, éclairé

sur la cause de ses misères et sur ses droits, trouva que la mesure était comble, et, dans une de ces grandes colères qu'on appelle des révolutions, il renversa cette odieuse royauté, qu'on voudrait nous ramener dans la personne de Henri V, et qui nous ramènerait aussi les priviléges de la noblesse et la domination du clergé.

— Henri V, je ne dis pas, s'écria Mathieu ; mais les d'Orléans, voilà de braves gens! Avec eux, nous aurions la royauté constitutionnelle, c'est-à-dire le règne de la classe aisée et instruite; car le peuple, quoi que tu en dises, est encore trop ignorant pour se gouverner lui-même.

— De braves gens, c'est possible, repartit François ; mais peu généreux. Tout riches qu'ils sont, ils ont osé réclamer et ont obtenu quarante millions de bon argent aussitôt après la guerre, quand la France venait de payer cinq milliards d'indemnité aux Prussiens ! Or, on peut prévoir qu'avec des princes qui aiment tant l'argent, la France redeviendrait pour eux et pour leurs créatures la poule aux œufs d'or.

Et puis, les Orléanistes voudraient supprimer le suffrage universel, devant lequel il n'y a plus ni comtes, ni marquis, ni millionnaires; devant lequel il n'y a plus que des citoyens électeurs. Grâce au suffrage universel, chacun de vous peut, non-seulement nommer les administrateurs de sa commune, de son département, et ceux de la France, mais il peut encore devenir conseiller municipal, maire, député, ministre, et même président de la République, comme aux Etats-Unis, où l'honnête Lincoln, le prédécesseur du président actuel, avait été bûcheron dans sa jeunesse et Johnson, son vice-président, tailleur de son état.

— Mais, s'écria le père Thomas, est-ce que, sous l'empire, nous n'avions pas aussi le suffrage universel ?

— C'est cela, l'empire, dit François, eh bien ! parlons-en. Oui, sous l'empire, vous étiez électeurs, mais pas électeurs libres ; car tu dois te souvenir, mon pauvre Thomas, de quelle singulière façon on respectait alors le suffrage uuiversel.

— Oh ! ça, je m'en souviens ! s'écria l'honnête Jean-Pierre.

— Vous devez vous souvenir en effet comment se faisaient les élections des députés. Il y avait ce qu'on appelait le candidat officiel. Celui-là vous était présenté par le maire ; le préfet ou le sous-préfet l'accompagnait dans ses tournées ; on lui faisait des ovations ; il payait à boire, et même dans certains départements il nourrissait ses électeurs. Celui qui payait le mieux était nommé. Enfin, vous savez tous comment on traitait ceux qui avaient voté contre le candidat du gouvernement. De sorte que, craignant de s'attirer des désagréments avec l'autorité, le plus grand nombre obéissaient. Ce n'était donc pas vous qui nommiez vos députés, pas plus que vos maires ; c'était l'empereur et ses ministres ; car au lieu du vote libre comme il doit l'être dans toute République, c'était le suffrage corrompu, le vote fraudé, le scrutin violé, en un mot une odieuse comédie.

Aussi, que faisaient à la Chambre ces députés ainsi nommés ? Ils disaient *amen* à tout ce que demandait l'empereur. Au lieu de contrôler ses actes,

de vérifier les comptes des ministres, ils applau-
dissaient à toutes les dilapidations. Jugez donc
quel pillage ! C'était à qui empocherait le plus. Et
entre eux ils se disaient : Ferme les yeux sur mes
gabegies, je cacherai les tiennes. C'est ainsi que se
tenant tous par la main, ils jetèrent la France
dans un gouffre. Car cette guerre épouvantable de
1870-71 a été entreprise en partie pour masquer
les déficits du Trésor. Cependant l'empereur avait
dit : « L'empire, c'est la paix. » Et quand on fit le
plébiscite, que vous promettait-on au nom de
l'empereur? La paix. Votez : *oui*, vous disait-on,
c'est la tranquillité, la richesse ; et deux mois après,
au lieu de cette tranquillité, de cette richesse, vous
aviez le saccage, l'incendie, vos enfants prisonniers,
estropiés, tués, vos milliards envoyés en Prusse,
l'Alsace et la Lorraine perdues, la ruine enfin et la
honte. Tels sont les fruits de l'empire.

Voter pour l'Empire, c'est comme si chacun
disait : actuellement je suis libre, je puis choisir
pour me représenter, pour faire les lois auxquelles
je dois me soumettre, des hommes justes, éclai-
rés, consciencieux, qui surveilleront l'emploi de
mon argent, qui s'opposeront à la guerre si je leur
donne un mandat de paix. Et pourtant je renonce
à cela de mon plein gré. Je préfère me donner un
maître qui pense pour moi, qui gouverne à ma
place, qui nommera mes représentants, qui pren-
dra mes pauvres deniers par l'impôt, et le sang de
mes enfants, par de nouvelles guerres. Et ce maître,
cet empereur auquel je vais confier le gouvernement de mon pays, c'est un gamin de dix-neuf ans,
si peu capable, si peu instruit, qu'il est sorti l'un
des derniers de sa classe. En entendant raisonner

ainsi, ne vous semblerait-il pas entendre un être en démence? En vérjé, si pareille chose pouvait encore arriver, ce serait à désespérer du bon sens de la France.

— Tu pourrais bien avoir raison, François, dit Jean-Pierre; il vaudrait peut-être mieux rester en République.

— Et moi, reprit le bonapartiste Thomas, je dis tout bonnement que sous l'empire le commerce allait bien, et voilà tout ce qui m'intéresse.

— Ne va-t-il pas aussi bien à présent? Ne vendez-vous pas vos bœufs, votre vin, votre blé, votre beurre et vos œufs aussi cher que sous l'empire? Justement mon journal d'hier donne les chiffres sur la production et le commerce des dernières années de l'empire et des premières années de la République. Ecoutez : en 1869, le total du commerce extérieur de la France a été de huit milliards deux millions; en 1873, de neuf milliards trois cent quatre-vingt-dix-huit millions; différence en faveur de 1873, de un milliard trois cent quatre-vingt-seize millions de francs. La prospérité de la France sous l'empire n'est donc pas due au gouvernement impérial, mais surtout aux chemins de fer, qui ont développé, non-seulement en France, mais dans tous les pays d'Europe, la production et la consommation, d'où résulte la richesse. Ne viens donc pas soutenir que la France est moins prospère sous la République que sous l'empire, sans compter qu'aujourd'hui vous avez à payer en moins les dépenses d'un souverain et de ses nombreux valets; et la République amènera bien d'autres économies!

Voulez-vous savoir ce que vous a coûté Napoléon III ?

Et d'abord, quelle fortune avait-il, quand il est arrivé au pouvoir ? Quel traitement lui faisait la France ? Quelle fortune a-t-il laissée après sa chute ?

D'après une étude exacte des budgets impériaux, faite par la Commission des Tuileries, Louis-Bonaparte en 1848 était ruiné. Pour préparer et faire son coup d'Etat, il emprunta environ quarante millions. Pendant son règne, ses dépenses et celles de sa famille s'élevèrent au chiffre officiel de 589,400,676 fr. Ce chiffre énorme, résultant des comptes apparents, est certainement très au-dessous de la réalité ; car il avait d'autres sources mystérieuses de revenus. Le système des virements, —ou changements de destination des fonds votés — pratiqué pendant tout l'empire et contre lequel s'éleva maintes fois la Cour des comptes, rendait impossible tout contrôle sérieux. Bornons-nous à deux faits. Le gouvernement de l'empereur s'était fait entrepreneur de remplacements militaires. Mais il remplaçait peu ou point. Ainsi le budget de 1869 accuse un déficit de 35 ou 40 mille hommes sous les drapeaux. Qu'était devenu le prix du remplacement ? Disparu. Qu'étaient devenus en 1870 les QUATORZE CENT MILLE chassepots et les HUIT MILLE canons ? Disparus. — Où est passé tout cet argent ? C'était bien pis de 1852 à 1861, alors que le budget se votait en bloc par ministère. C'était la bouteille à l'encre.

Maintenant, Napoléon III a laissé à son fils : en immeubles, sept millions ; en capital de rentes, environ neuf millions ; à peu près vingt millions de titres bons ou mauvais ; sans compter l'argent emporté dans les fourgons de Sedan, les bijoux de l'impératrice, un million d'assurances , les 2,861,000 fr. que l'Etat redoit à la Liste civile et les objets d'art, montant à 3 millions environ qu'ils ont aujourd'hui l'impudeur de réclamer à la France.

L'empereur, en outre, se mêlait à des tripotages financiers, des spéculations secrètes et des jeux de bourse.

En résumé, pendant les dix-huit années de l'empire, le capital de la dette inscrite a monté de cinq milliards à onze milliards ; et depuis 1870, par suite de la guerre, ce capital a été augmenté de plus de dix milliards, « sans parler des 60 millions de revenus que la cession de l'Alsace et de la Lorraine nous enlève, et des pertes particulières dont jamais on ne connaîtra l'étendue » (1). Depuis le commencement de l'empire, le capital de la dette publique, vous le voyez, a quadruplé, et cela vous explique pourquoi vous avez aujourd'hui tant d'impôts à payer.

— Est-ce bien possible ! s'écria l'honnête Jean-Pierre ; nous avons pu être trompés et exploités si longtemps !

En ce moment, une femme entra tout en pleurs.

— Ah ! monsieur Richomme, quel malheur ! notre pauvre homme est tombé du fenil. Il crie à fendre l'âme. Venez vite.

Richomme, dans ses voyages, avait acquis quelques connaissances en médecine. Il avait chez lui une pharmacie qu'il mettait au service des indigents.

— Attendez-moi, dit-il à ses amis.

(1) Rapports des trois derniers ministres des Finances.

Et il s'empressa de suivre la bonne femme.

Ne trouvant aucune lésion grave, il revint en hâte auprès de ses convives, qu'il tenait à convertir tout à fait.

Mais il les trouva en grande dispute. Jean-Pierre, Mathieu, Thomas, Ignace, debout tous les quatre, s'injuriaient, se menaçaient.

— Les bonapartistes, criait Mathieu, ce sont tous des brigands !

— Et vous, messieurs les Orléanistes, ripostait Thomas, vous êtes des égoïstes, des sans-cœur, qui ne songez qu'à entasser vos écus !

— Henri V ! Ah ! voilà un brave homme, disait Ignace d'une voix onctueuse.

— Veux-tu bien te taire, vilain cafard !

— Et toi, mouchard ! répliqua Ignace.

— Mouchard ! Tu m'as appelé mouchard ! tu vas voir !

Il menaçait du poing le doux Ignace, qui faisait mine de battre en retraite.

— Paix donc! disait Jean-Pierre.

Sur le seuil de la porte, Richomme les écouta un instant, et il ne put s'empêcher de rire.

— Allons, allons, s'écria-t-il, calmez-vous ; voici la République qui vous mettra d'accord. Vous venez, mes amis, de démontrer mieux que tous mes raisonnements ce qui arriverait, si on voulait rétablir une des trois monarchies. Nous aurions la révolution en permanence, une guerre civile effroyable. Vous le voyez donc bien, la République seule peut nous apporter une paix durable.

— Cependant, dit Ignace, depuis 89, ne sont-ce pas les républicains qui font les révolutions?

— Ah ! tu te plains de 89, toi, Ignace, un paysan ! mais, cette date, tu devrais chaque jour la bénir. C'est 89 qui nous a affranchis de la noblesse et du clergé, et nous a permis d'acquérir ce que nous possédons. Savez-vous, mes amis, combien il y avait de gens qui possédaient la terre en 1789 ? Il y en avait deux cent mille qui tenaient les trois quarts du pays. Les vilains, roturiers et autres, en avaient à peine un quart. Eh bien ! grands et petits, nous sommes aujourd'hui huit millions de propriétaires, en France, et la petite propriété occupe les trois quarts de la terre.

Bref, il ne faut pas se payer de paroles : les paroles sont trop souvent de la fausse monnaie. A vrai dire, les républicains sont les vrais conservateurs, et les royalistes, les vrais révolutionnaires.

A ces mots, Mathieu et Thomas se récrièrent ; et François, jetant les yeux du côté d'Ignace, crut voir dans son regard une sourde colère.

Richomme, au lieu de se laisser déconcerter, reprit aussitôt :

— Au-dessus des trois partis monarchiques, il en est un quatrième, dont je ne vous ai pas encore parlé, qui les domine et les englobe. C'est le plus redoutable ; je veux parler du parti clérical, des jésuites. Car les jésuites sont aujourd'hui les vrais directeurs de ce parti.

Pour mieux assurer leur domination, ils exploitent la superstition. Ce sont eux qui ont innové le dogme de l'immaculée-conception, puis l'infaillibilité du pape ; qui ont inspiré le *Syllabus*, cet anathème jeté à toute la société moderne ; qui viennent de ressusciter le culte du sacré-cœur. Ce sont eux qui, dans les processions et les pèlerinages, enton-

nent ces cantiques provocateurs : Sauvez Rome et
la France ; sauvez Rome, c'est-à-dire, rendez au
pape ses possessions temporelles ; autrement dit,
faisons la guerre à l'Italie, et par conséquent à
la Prusse, son alliée; sauvez la France, c'est-à-dire,
ramenez-nous Henri V, autrement dit la guerre
civile.

« Si le drapeau blanc reparaissait, a dit le maréchal de Mac-Mahon, les chassepots partiraient tout
seuls. »

Cependant les cléricaux ont encore un autre but,
un autre mobile, c'est la haine de la République.
Pourquoi? C'est bien simple. Les jésuites sont chassés de la plupart des pays d'Europe; la France est
un de leurs derniers refuges; ils craignent, si la
République triomphe, d'être également chassés de
France. C'est pourquoi ils se liguent avec tous
ceux qui veulent détruire la République, qu'ils
s'appellent bonapartistes, légitimistes ou orléanistes.

De leur côté, ces trois partis, connaissant toute
l'influence des jésuites, ont voulu les gagner, s'en
faire une machine de guerre pour écraser l'ennemi
commun, la République.

Pour la légitimité, cette alliance est toute natu-
relle. Mais que penser des orléanistes qui, sous
Louis-Philippe, se montraient plus voltairiens que
Voltaire, se disaient fils de la Révolution de 89, et
qui aujourd'hui affectent la dévotion et votent la
loi instituant les universités catholiques? Quant
aux bonapartistes, leur impératrice n'est-elle pas
une espagnole fanatique, leur futur empereur n'est-
il pas le filleul du pape ?

Aussi les ultramontains, se voyant nécessaires,

ont-ils enveloppé, enlacé si étroitement les trois partis monarchiques, qu'à proprement parler ces trois partis n'en forment plus qu'un : le parti clérical.

— Mais c'est la religion que vous attaquez ! s'écria Ignace qui ne put se dominer plus longtemps.

— Non, mes amis. Autant j'aime un chrétien selon le Christ, autant j'estime la vraie religion, qui est la douceur, la tolérance, la droiture, l'amour du prochain, l'élévation de l'âme vers l'auteur bienfaisant des choses ; autant je repousse ces hommes qui font de la religion un masque, un moyen de domination, une marchandise.

Le triomphe du parti clérical, ce serait le retour au passé, c'est-à-dire les écoles congréganistes partout imposées ; l'obligation du repos du dimanche et de la confession ; le mariage religieux seul valable ; la superstition remplaçant la science ; l'impunité des captations d'héritage ; l'envahissement du territoire par les corporations religieuses, qui toujours achètent sans jamais vendre ; enfin, qui sait si nous ne verrions pas le rétablissement de la dîme ! car voici le raisonnement que faisait dernièrement le journal officiel des cléricaux : Dieu est propriétaire du monde. L'homme est son locataire, et par conséquent lui doit un loyer. Or, ce loyer, ne pouvant le payer directement à Dieu, on le paie à ses représentants, c'est-à-dire aux prêtres. Rien n'est donc plus juste que la dîme.

Songez-y donc, car vous aurez bientôt à prendre une décision. Levez-vous au jour du vote, et défendez votre bien et votre liberté. L'ennemi, c'est Henri V, c'est Louis-Philippe II, c'est Napoléon IV ; l'ennemi surtout, c'est la coalition cléricale.

2.

— C'est pourtant vrai tout cela, s'écria l'un des ouvriers.

— Eh bien ! mes amis, reprit François, vous le savez, je reviens d'Amérique. J'ai vécu quinze ans aux Etats-Unis, et voici ce que j'y ai vu :

Un grand pays, 7 ou 8 fois plus grand que la France, et peuplé de 40 millions d'hommes qui jouissent de la plus grande liberté, sans que l'ordre soit un instant troublé.

Dans cette libre et vaste république, une commune, comme celle de Bourneuf, par exemple, nomme librement son conseil municipal et son maire. Il en est de même de toutes les fonctions, depuis le garde champêtre jusqu'au Président. Tous les magistrats sont choisis par ceux qui les payent, et ils n'en sont pas moins respectés pour cela, car ils représentent la loi.

En Amérique, tout citoyen qui a à se plaindre d'un abus de pouvoir, peut traduire directement devant les tribunaux le fonctionnaire qui s'en est rendu coupable, serait-ce le président de la République lui-même, et il est sûr d'obtenir justice.

Là, chacun respecte la loi parce qu'elle protège également tout le monde, que tout se fait au grand jour de la publicité, et que la justice comme la presse est à la disposition de tous.

On y a d'ailleurs dans toutes les classes le sentiment et la connaissance des droits et des devoirs de l'homme et du citoyen. La constitution et les lois qui les proclament, sont enseignées aux enfants des deux sexes dans toutes les écoles.

Habitué à ne compter que sur lui-même, l'Américain sait qu'il faut être instruit pour ne pas être dominé, qu'il faut, pour faire ses affaires et se conduire dans la vie, savoir bien lire, bien écrire, bien compter, raisonner sagement, et avoir une profession qui assure à chacun son indépendance par le travail.

En France nous avons un gouvernement pour tout faire ; nous attendons tout de lui, et nous n'entreprenons rien sans sa permission, de sorte que s'il ne fait pas, rien ne se fait. En Amérique, au contraire, l'action du gouvernement est insensible. A la ville comme au village, les habitants font leurs affaires publiques comme leurs affaires privées, et leur grand procédé, c'est l'association. Ils s'entendent, se réunissent, s'associent, ouvrent des souscriptions. Ecoles, monuments publics, hôpitaux, églises, théâtres, tout se fait par association, et ceux qui ont contribué à créer ces établissements d'utilité publique, les administrent eux-mêmes ou par leurs délégués.

Aussi les écoles de tout genre sont nombreuses aux Etats-Unis. Les sommes qui sont consacrées à 'instruction publique représentent dix fois celle que nous y consacrons en France.

Tout le monde travaille dans ce pays, et le travail manuel n'y est pas moins honoré que celui de l'esprit. L'oisiveté seule, fût-elle argentée et dorée, y est presque inconnue, ou l'on s'en cache comme d'un vice. C'est là surtout qu'on professe : qu'il n'y a pas de sot métier. Il n'y vient à l'esprit de personne qu'un homme, grâce à sa fortune ou à la position qu'il occupe, puisse être regardé comme supérieur à un autre homme. L'ouvrier se dit l'égal du patron et il est considéré comme tel. S'il fait scrupuleusement sa besogne, c'est qu'il s'y est engagé librement ; sa tâche accomplie, il fré-

quente les mêmes lieux que son maître, et il lui serre
fraternellement la main.

C'est surtout à ses institutions politiques que
l'Amérique doit sa grandeur et le rapide dévelop-
pement de sa puissance. Cette possibilité de se
mouvoir en pleine liberté et cette habitude de ne
compter que sur soi, donnent à l'Américain une énergie, un esprit d'initiative et de ressources qui ne
se trouvent à un égal degré chez aucun autre peuple.

Eh bien! ces institutions républicaines qui ont
fait ce pays le plus florissant du monde, qui ont
fait de ce peuple dans l'espace d'un siècle le peuple
le plus riche, le plus libre, et en même temps le
plus heureux, — car s'il y a des riches et des pauvres comme partout, la mendicité ne s'y rencontre
nulle part, — ces institutions républicaines, nous
les possédons aujourd'hui, sinon aussi libérales que
celles des États-Unis, du moins basées aussi sur
le suffrage universel, et toujours perfectibles.

Comme les Américains, nous avons un Président
élu et responsable : (aux États-Unis il est nommé
pour 4 ans, en France pour 7 années). Comme
chez eux, c'est le suffrage universel qui nomme nos
députés et élit indirectement nos sénateurs. Il nous
reste maintenant à conserver ce qui est acquis, en
laissant au temps le soin de développer, de perfec-
tionner cette organisation naissante. Lorsqu'un
peuple peut choisir pour un temps assez court le
chef de l'État et tous les hommes qui, comme députés ou comme sénateurs, sont appelés à diriger les
affaires publiques, il est maître de ses destinées et
doit voir se fermer l'ère des révolutions.

Depuis le jour où ils se sont mis en république,
c'est-à-dire depuis cent ans, les Américains —

comme les Suisses — ont cessé de se disputer sur la forme du gouvernement. Faisons comme eux. Renvoyons au garde-meubles de l'histoire les défroques monarchiques de nos trois dynasties. Laissons leurs partisans vieillir et s'éteindre en paix, pourvu qu'ils n'aillent pas provoquer la guerre étrangère ou la guerre civile, et ne conspirent point contre l'ordre nouveau. Mais, pour Dieu! n'allons pas commettre cette insigne folie de leur confier les destinées de la France et de la République.

Pour nous résumer, envisageons plus nettement encore la situation.

Deux routes sont ouvertes devant vous. L'une, qui mène à un pays où l'on opère les réformes sans révolutions, par la seule force du bulletin de vote; un pays qui se gouverne lui-même; où les comptes se tiennent au grand jour; où l'on ne voit ni injustices, ni faveurs, ni sinécures, ni cumuls; où on laisse les bras à l'agriculture, au lieu de les immobiliser dans ces armées permanentes si ruineuses; en un mot un pays où règnent à la fois l'ordre, la liberté, la paix et la justice.

L'autre route conduit à une contrée gouvernée par un monarque, sous le caprice duquel tous ses sujets doivent plier; où le peuple n'obtient les réformes nécessaires qu'en faisant des émeutes et des révolutions; une contrée où tout s'obtient par faveur; où l'on voit une multitude d'employés d'autant plus payés qu'ils sont plus inutiles; où les finances sont gaspillées sans que le peuple ait seulement le droit de savoir où passe son argent; où on lui prend ses enfants pour les faire tue dans des guerres insensées et lointaines, comm les guerres de Crimée, de Chine et du Mexique.

Entre ces deux routes, mes amis, c'est à vous de choisir.

Le premier de ces pays, c'est, comme je viens de vous le dire, la libre Amérique, et plus près de nous, c'est la Suisse. L'autre, c'est la France impériale, telle que vous l'avez tous vue pendant vingt ans.

De cette France, vous pouvez faire un pays aussi heureux que l'Amérique et la Sui se.

Pour cela, il suffit que vous le vouliez, en votant dans les prochaines élections sénatoriales et législatives, pour des hommes d'un républicanisme sûr, et non pour des monarchistes cachés sous le masque de républicains.

Ne vous laissez éblouir ni par les belles paroles, ni par les promesses. Ne vous fiez qu'à ceux que vous connaissez bien et qui ont fait leurs preuves.

Ne vous laissez pas intimider non plus. Personne n'a le droit d'agir sur vos consciences. La Loi vous protége contre toute menace ou toute violence.

Faites, en un mot, votre devoir de bons citoyens, car le moment est décisif : de votre choix dépendra votre bonheur ou votre malheur.

Les assistants étaient convaincus. Mathieu, Thomas, Ignace lui-même ne trouvaient rien à répondre. Quant à Jean-Pierre, il s'écria :

— Tu as raison, François. Nous te suivrons au scrutin. Mais d'abord nous allons trinquer.

Il éleva son verre ; tous comprirent sa pensée et s'écrièrent avec lui :

— Vive la France! Vive la République!

LOI CONSTITUTIONNELLE

DU

25 Février 1875

ART. 1er. — Le pouvoir législatif s'exerce par deux assemblées : la Chambre des députés et le Sénat. — La Chambre des députés est nommée par le suffrage universel, dans les conditions déterminées par la loi électorale. — La composition, le mode de nomination et les attributions du Sénat seront réglés par une loi spéciale.

ART. 2. — Le Président de la République est élu à la majorité absolue des suffrages par le Sénat et par la Chambre des députés réunis en assemblée nationale. — Il est nommé pour sept ans. Il est rééligible.

ART. 3. — Le Président de la République a l'initiative des lois, concurremment avec les membres des deux Chambres. Il promulgue les lois lorsqu'elles ont été votées par les deux Chambres ; il en surveille et en assure l'exécution. — Il a le droit de faire grâce ; les amnisties ne peuvent être accordées que par une loi. — Il dispose de la force armée. — Il nomme à tous les emplois civils et militaires. — Il préside aux solennités nationales ; les envoyés et les ambassadeurs des puissances étrangères sont accrédités auprès de lui. — Chacun des actes du Président de la République doit être contresigné par un ministre.

ART. 4. — Au fur et à mesure des vacances qui se produiront à partir de la promulgation de la présente loi, le Président de la République nomme, en Conseil des ministres, les conseillers d'État en service ordinaire. — Les conseillers d'État ainsi nommés ne pourront être révoqués que par décret rendu en conseil des ministres. — Les conseillers d'État nommés en vertu de la loi du 24 mai 1872, ne pourront, jusqu'à l'expiration de leurs pouvoirs, être révoqués que dans la forme déterminée par cette loi. Après la séparation de l'Assemblée nationale, la révocation ne pourra être prononcée que par une résolution du Sénat.

Art. 5. — Le Président de la République peut, sur l'avis conforme du Sénat, dissoudre la Chambre des députés avant l'expiration légale de son mandat. En ce cas, les colléges électoraux sont convoqués pour de nouvelles élections dans le délai de trois mois.

Art. 6. — Les ministres sont solidairement responsables devant les Chambres de la politique générale du Gouvernement, et individuellement de leurs actes personnels. — Le Président de la République n'est responsable que dans le cas de haute trahison.

Art. 7. — En cas de vacance par décès ou pour toute autre cause, les deux Chambres réunies procèdent immédiatement à l'élection d'un nouveau Président. — Dans l'intervalle, le Conseil des ministres est investi du pouvoir exécutif.

Art. 8. — Les Chambres auront le droit, par délibérations séparées, prises dans chacune à la majorité absolue des voix, soit spontanément, soit sur la demande du Président de la République, de déclarer qu'il y a lieu de réviser les lois constitutionnelles. — Après que chacune des deux Chambres aura pris cette résolution, elles se réuniront en Assemblée nationale pour procéder à la révision. — Les délibérations, portant révision des lois constitutionnelles, en tout ou en partie, devront être prises à la majorité absolue des membres composant l'Assemblée nationale. — Toutefois, pendant la durée des pouvoirs conférés par la loi du 20 novembre 1873, à M. le maréchal de Mac-Mahon, cette révision ne peut avoir lieu que sur la proposition du Président de la République.

Art. 9. — Le siége du pouvoir exécutif et des deux Chambres est à Versailles.

Paris. — Typ. N. Blanpain, 7, rue Jeanne.

CERCLE PARISIEN

DE LA

LIGUE DE L'ENSEIGNEMENT

FONDÉ EN 1867

La Société a pour but de propager l'instruction dans les départements, principalement au sein des populations rurales, par la fondation de bibliothèques.

Depuis sa création, le Cercle parisien a participé à la fondation d'un grand nombre de bibliothèques populaires et de plus de 150 bibliothèques régimentaires pour les sous-officiers et soldats. Il a organisé un vaste pétitionnement en faveur de l'instruction obligatoire et gratuite, qui a donné plus d'un million de signatures, ce qui lui a valu, comme récompense, une grande médaille à l'Exposition universelle de Vienne de 1873. Il vient de faire un nouvel appel pour concourir à l'organisation des écoles régimentaires d'adultes et pour fonder des bibliothèques dans les hôpitaux militaires. Les personnes qui désireraient coopérer à cette œuvre patriotique sont priées d'adresser le montant de leurs souscriptions à M. Emmanuel VAUCHEZ, secrétaire général du Cercle parisien, 175, rue Saint-Honoré, à Paris.

Paris. — Typ. N. Blanpain, 7, rue Jeanne.

BIBLIOTHÈQUE DÉMOCRATIQUE

9, Place des Victoires, Paris

DIRECTEUR : M. VICTOR POUPIN

Le volume : 30 centimes

(Ajouter 10 cent. par volume pour réception FRANCO par la poste)

1. NAPOLÉON, par Louis BLANC.
2. LES PAYSANS, par ESQUIROS.
3. SÉPARATION DE L'ÉTAT ET DE L'ÉGLISE, par A. MORIN. (*Supprimé.*)
4. LES ENFANTS NATURELS, par E. ACOLLAS.
5. LA GUERRE (*l'Empire*), par VICTOR POUPIN.
6. (SOUS PRESSE.)
7. ETUDES LITTÉRAIRES ET PHILOSOPHIQUES, par D. BANCEL.
8. LA RÉPUBLIQUE, par E. ALAUX.
9. LA COMMUNE AGRICOLE, par E. BONNEMÈRE.
10. JEANNE DARC, par HENRI MARTIN.
11. LES PRINCES D'ORLEANS, par VICTOR POUPIN.
12. LES ORIGINES DE LA RÉVOLUTION, par ERNEST HAMEL.
13. LE LIVRE DES FEMMES, par LEON RICHER.
14. LES JESUITES, par ANDREÏ.
15. LES ETATS-UNIS D'EUROPE, par LEMONNIER.
16. LE DEUX DECEMBRE A PARIS, par SCHŒLCHER.
17. LE DIVORCE, par M.-L. GAGNEUR.
18 et 19. L'OPPOSITION ET L'EMPIRE, par GARNIER-PAGÈS.
20. LE MANDAT IMPERATIF, par VICTOR POUPIN.
21. LA FIN DU PAPISME, par J.-M. CAYLA. (*Supprimé.*)
22. NOS PRÉJUGÉS POLITIQUES, par YVES GUYOT.
23. LES SOCIETES OUVRIERES, par MARTIN NADAUD.
24. LA SCIENCE ET LA CONSCIENCE, par L. VIARDOT.
25 et 26. LES HOMELIES DE VOLTAIRE, par VICTOR POUPIN.
27. L'ASSOCIATION ET LE TRAVAIL ATTRAYANT, par CH. FOURIER.
28. LA CONFESSION, par A.-S. MORIN. (*Supprimé.*)
29. (SOUS PRESSE.)
30. DIDEROT, SA VIE ET SES ŒUVRES, par A. COLLIGNON.
31. (SOUS PRESSE.)
32. LA FEMME EN FRANCE AU XIXe SIECLE, par ERNEST LEGOUVÉ.
33. LA PROPRIETE, LA FAMILLE ET LE CHRISTIANISME, par SCHŒLCHER.
34. L'INSTRUCTION GRATUITE ET OBLIGATOIRE, par JULES SIMON.
35. LA FRANCE IMPERIALE, par ELIE SORIN.
36 et 37. (SOUS PRESSE.)
38. LES SOCIALISTES ET LES DROITS DU TRAVAIL, par GODIN.
39 à 41. (SOUS PRESSE.)
42. LE MARIAGE DES PRÊTRES, par A.-S. MORIN. (*Supprimé.*)
43 à 48. (SOUS PRESSE.)
49 et 50. LE MARIAGE, par A. HAYEM.
51. LA POLITIQUE AU VILLAGE, par M.-L. GAGNEUR.
52. L'HISTOIRE DE LA MESSE, par J.-M. CAYLA.
53. JULES GRÉVY (*Etude politique*), par ÉLIE SORIN.
54 à 58. (SOUS PRESSE.)
59. LA RICHESSE AU SERVICE DU PEUPLE, par GODIN.
60. LA SUPERSTITION, par A.-S. MORIN. (*Supprimé.*)
61 à 64. (SOUS PRESSE.)
65. LE CRIME DE DECEMBRE EN PROVINCE, par SCHŒLCHER.
66 à 77. (SOUS PRESSE.)
78. LA POLITIQUE ET LA PROVIDENCE, par A.-S. MORIN. (*Supprimé.*)
79. LA SOUVERAINETE ET LES DROITS DU PEUPLE, par GODIN.
80. LA COMMUNE DE MALENPIS, par ANDRÉ LEO.
81 à 89. (SOUS PRESSE.)
90. LE DROIT DIVIN, par VICTOR POUPIN.
91. LE RESPECT DE LA LOI ET LE SUFFRAGE UNIVERSEL, par SALNEUVE.
92. LA POLITIQUE DU TRAVAIL & LA POLITIQUE DES PRIVILÉGES, par GODIN.